CATÁLOGO PARA UN EQUIPO

CATÁLOGO PARA UN EQUIPO

Casi cincuenta técnicas para trabajar con grupos

CARMEN MOLINA VILLALBA

Número de Control de la Biblioteca del Congreso de EE. UU.:		2012921278
ISBN:	Tapa Blanda	978-1-4633-2589-3
	Libro Electrónico	978-1-4633-2590-9

Para realizar pedidos de este libro, contacte con:
Palibrio
1663 Liberty Drive
Suite 200
Bloomington, IN 47403
Gratis desde España al 900.866.949
Gratis desde EE. UU. al 877.407.5847
Gratis desde México al 01.800.288.2243
Desde otro país al +1.812.671.9757
Fax: 01.812.355.1576
ventas@palibrio.com
432733

ÍNDICE

AGRADECIMIENTOS

A Rubén, mi marido, y a mis hijos Carlos y Jorge, mi equipo incondicional.

PALABRAS PARA UNA PRESENTACIÓN

Los que tengáis la gran oportunidad y placer de leer las páginas que siguen, podréis descubrir toda una serie de técnicas para impartir de forma práctica en el entorno del trabajo y el ocio colaborativo. Toda esta recopilación supone la plasmación empírica de 25 años de profesión de su autora, Carmen Molina, como responsable en la gestión de grupos humanos desde su más firme convicción del fomento del esfuerzo compartido y la creación de alianzas como camino para alcanzar los objetivos propuestos y, por ende, el éxito total. Yo, como miembro del equipo de trabajo de la autora durante varios años, me puedo sentir afortunada al comprobar que el trabajo puede ser sinónimo de desarrollo personal satisfactorio, que trabajar de forma agradable no está reñido con la eficacia y eficiencia del grupo y que un jefe puede ser exigente pero a la vez motivador de su equipo de trabajo. Carmen Molina encarna en su persona características propias de un líder carismático, emprendedor, creativo y organizador, muy difíciles de encontrar en la realidad empresarial e institucional actual. Pero por encima de éstas, una es la máxima de Carmen Molina durante su desempeño diario: la involucración individual para la búsqueda del bien común con la que ha llegando a conseguir exitosos triunfos demostrables en el ámbito de la gestión cultural.

Por tu motivación constante,
Ainara Fuente

INTRODUCCIÓN

Los equipos, como núcleos de trabajo, ocio o colaboración son la célula de la relación social participativa. El dinamizador de grupos y equipos de participación ha de ser ante todo un ser humano atento a las emociones, a las expresiones no verbales, y cuyo objetivo final de desempeño es generar un clima que permita que las mejores ideas broten de forma natural (equipos de iniciativa y mejora), o que el relax de sentirse ser social favorezca el disfrute y la apreciación de lo observado (grupos didácticos y de ocio). El responsable del trabajo en equipo se constituye en un **facilitador de la relación.**

Este trabajo no pretende ser un manual que enseñe cómo dirigir un equipo. Tampoco un libro de recetas infalibles que se aplique una tras otra garantizando el éxito del dinamizador. No existe el bálsamo de fierabrás en los equipos. Como todo lo que se conforma en torno a los seres humanos, el trabajo con grupos es cambiante, nunca repetido y sin fórmulas magistrales para el éxito. No hay dos personas iguales, por tanto, nunca habrá un grupo igual a otro. Será el dinamizador el encargado de percibir cómo se conforma, cuáles son sus objetivos y cuál su momento vital. Con esa información, a la que deberá añadir su creatividad y su voluntad de servir de instrumento para los logros comunes, tal vez pueda encontrar ayuda en las técnicas que se recopilan en el siguiente catálogo. No son técnicas inéditas, algunas se transforman por la experiencia vital y profesional de quien esto escribe. Otras, simplemente se han experimentado con éxito; y aún habrá otras que simplemente se suman por simpatía hacia ellas.

Con la intimidad que da la emoción de compartir trucos y consejos, cuidemos de que el análisis y la aplicación de teorías no acabe con la imaginación como fuente de creatividad y de satisfacción.

La Autora

CÓMO USAR ESTE LIBRO

Querido lector, no leas este libro: **úsalo.**

Se ha escrito formando fichas que puedes utilizar de forma separada, elegir en cada momento, adaptar a cada circunstancia. Imprímelas y guárdalas de forma separada. Yo las he plastificado y selecciono las que mejor se adaptan a cada momento de actividad, o simplemente casi de forma instintiva experimento con esta o aquella táctica. De la experiencia surge el conocimiento que te ayudará.

Sin embargo, no te olvides que cada ser humano es diferente, y cada grupo distinto. No descartes una ficha técnica porque te haya fallado en una ocasión, acertarás en otras.

Espero que esta selección te ofrezca muchos momentos gratificantes a ti y a las personas con las que formes equipo.

Te deseo muchos éxitos.

Carmen Molina

LO NATURAL ES COLABORAR

Una tarde del pasado verano estaba sentada en una hamaca de jardín, viendo pasar la vida, que es lo que se hace en la canícula madrileña y me fijé en la larga fila de hormigas que transitaba ordenadamente a mis pies.

Son leptothorax -dijo mi sobrina Beatriz, que tiene la peculiaridad de ser una entusiasta bióloga.

Estupendo - pensé yo, y por seguir la conversación, pregunté - *¿y qué tienen de particular?*

Pasan casi el 25 % de su tiempo quietas

Esto ya me llamó la atención y le pedí que me contara algo más de estos insectos de poco más de 2 mm que se podían quedar quietos durante una cuarta parte de su existencia. Supe que estando separadas unas de otras solo se activan de forma irregular y esporádica y que ocupan su tiempo en tareas desordenadas y poco operativas. Sin embargo, cuando una hormiga que se queda paralizada es rozada en sus antenas por otra que está activa, ambas se coordinan y, hecho esto sucesivamente, da lugar a una organización operativa y eficiente.

Vaya, casi como los humanos – pensé

Cuántas veces hemos visto a los grupos de personas, en cualquier entorno, sentados, abúlicos, inactivos, hasta que aparece alguien que propone, arrastra, ilusiona en la actividad y el trabajo compartido. Los llamamos jefes de la pandilla, monitores, líderes, dinamizadores, según el caso y momento vital. Son *leptothorax* que tocan nuestras antenas y nos ponen en marcha.

¿Sabes lo de las abejas, tita?

¿También hay abejas humanizadas?

No, también colaboran unas con otras. Cada una tiene su papel en la colmena y lo cumplen de forma voluntaria. No existe el papel del vigilante o el represor. Hay obreras que cuidan de la reina, airean los huevos batiendo sus alas y alimentan las larvas, otras buscan el alimento para las más débiles o que no pueden trabajar demasiado, y se comunican mediante bailes aéreos que indican a las compañeras dónde se encuentra el alimento - Beatriz defendía a los insectos con entusiasmo, dando a entender que eran seres capaces de convivir de forma pacífica y ordenada. Daban ganas de amarles apasionadamente.

Bueno, pero cuando te pican te fastidian bien - Quise yo poner el índice corrector, por mantener la distancia entre el insecto y el humano.

Cuando pican lo hacen defendiendo a la colmena y además se dejan la vida en ello porque pierden el aguijón y poco después mueren.

Tanto altruismo me da calor. Voy a buscar un refresco.

Desde aquel episodio veraniego he estado dando vueltas a los animales y sus actuaciones de generosidad y he llegado a conocer algo sobre lo que los especialistas llaman altruismo biológico. El altruismo consiste en la cesión de un individuo, ya sea de su tiempo, de su esfuerzo o de su propia naturaleza, en pos de la mejora del grupo que recibe, y es un comportamiento evolutivo que lleva a las especies a la supervivencia o a la mejora mediante la evolución natural. No debemos confundir el altruismo biológico con el altruismo psicológico, basado en la motivación intelectual y propio solo de seres avanzados, como veremos en el siguiente capítulo.

La función premio/castigo o éxito/fracaso reforzará los comportamientos altruistas y colaborativos que se generarán aunque no exista una motivación interna de entrega

El altruismo biológico funciona mediante el proceso de premio/castigo o éxito/fracaso. Los animales establecerán comportamientos de colaboración altruista buscando una meta superior, que trascienda al individuo, para actuar en favor del grupo. De este modo, obtendrán como premio el objetivo deseado, ya sea alimento, defensa o protección.

Estoy pensando en los pingüinos emperador. Estos animales viven en la Antártida y han desarrollado una curiosa manera mantenerse en calor: forman un círculo que incluye a todos los individuos. De este modo los que están en el centro pueden mantenerse calientes gracias a los que están en la parte exterior. Esto no favorecería al grupo, ya que los elementos protectores morirían pronto de frío, si no fuera por un comportamiento colaborativo que realizan de forma altruista: cuando los del centro ya se han calentado, salen al exterior permitiendo a los compañeros acceder al círculo interior y así obtener el calor que necesitan para sobrevivir. Este turno indefinido permite a la especie su supervivencia.

Cuanto mayor es el esfuerzo o la entrega que ha de hacer el individuo donante, mayor necesidad habrá de refuerzo positivo o de castigo para favorecer que las conductas altruistas se produzcan. Pensemos, por ejemplo, en los carnívoros que cazan en grupo. Los lobos, sin ir más lejos, viven en manadas con un alto componente social. Su valor no es la velocidad en ataque, sino su resistencia en la carrera. Para obtener el alimento para su grupo, necesitan colaborar en la caza, y lo hacen con una estrategia que les permite aprovechar sus capacidades. Es curioso que desarrollen sistemas adaptados a cada tipo de presa. Cuando se trata de obtener piezas dentro de un rebaño, el grupo de lobos trata de separarlos para detectar en la huida precipitada a los animales más débiles que son los que serán objeto de su ataque ya que desarrollarán una menor velocidad de carrera y se agotarán en un mínimo período de tiempo de persecución. En una cacería que se desarrolle en entornos humanos, con los rebaños protegidos por perros pastores, uno o dos miembros de la manada de lobos despistarán a los canes mientras que el resto atacará al ganado. Si, por el contrario, están cazando conejos, los lobos se dividen entre los batidores, que levantan las presas y los cazadores que se quedan apostados en las inmediaciones de las madrigueras para alcanzar a los conejos que huyen hacia allí pensando en encontrar un refugio seguro. Tras la caza, toda la manada comparte la comida.

Entre las leonas, pues ya sabemos que son las féminas de la especie las que se ocupan de obtener el sustento, las cazadoras se distribuyen entre el grupo *titular* y el *suplente*, de tal modo que si las primeras que inician el ataque fracasan en su intento, sus compañeras, apostadas entre la maleza de la sabana saldrán en una segunda persecución inesperada que someterá a un sobreesfuerzo no previsto a la presa y permitirá al equipo cobrar la pieza deseada. Si el éxito acompaña a la batida, las cazadoras cederán su puesto en el festín a sus compañeros machos que son los que comen en primer lugar, quedando ellas en segundo y siendo los cachorros en última instancia los que accederán al alimento, de tal modo que no pocos de ellos mueren de hambre cuando la caza escasea. Este comportamiento de aparente altruismo inverso, o dicho de otro modo de egoísmo del macho frente a la hembra y la prole, nos demuestra que al hablar de biología debemos dejar un tanto de lado nuestro concepto moral de dar sin esperar a cambio, asunto más que discutible si lo analizamos desde la profundidad psicológica de la naturaleza humana. Entre los leones, solo los ejemplares con mejores características genéticas tienen acceso a la reproducción, manteniendo con ello la calidad de la especie y garantizando la supervivencia de la misma. Y como en el caso del rey de la selva, esta capacidad se le otorga al macho dominante, son las hembras, más numerosas y las crías, fácilmente sustituibles, las que ceden su espacio al león macho.

La Madre Naturaleza sabe, desde el inicio del tiempo, cómo garantizar que la tierra y sus habitantes progresen adaptándose a los entornos cambiantes que ofrece este planeta a sus criaturas.

Como conclusión, lleguemos a la certeza de que es la evolución natural la que lleva a los animales a desarrollar comportamientos altruistas y de colaboración, y que estos comportamientos son imprescindibles para obtener una mejora en las especies. Será necesario mirar a nuestros hermanos en la evolución para comprendernos a nosotros mismos. ¿No seremos los humanos una especie más en la naturaleza? ¿No será que creernos dotados de cualidades superiores no es más que una pose social adquirida? La duda está servida. No dude el lector en sumergirse en el siguiente capítulo para profundizar en el debate.

DE HOMÍNIDOS Y HOMBRES

Yo siempre he tenido mis dudas sobre la naturaleza del hombre como ser elevado por encima del resto de los animales. Me gusta sentir la hermandad con la naturaleza, de la que, si lo piensa uno bien, no nos diferenciamos tanto. Terminamos el capítulo anterior abriendo el debate sobre la evolución de las especies, y si le parece bien al lector, partamos de ahí para hablar de *nosotros*, los humanos. Según la Teoría de la Selección Natural, los avances en los individuos deben alcanzar a la genética para que la mejora se perpetúe. Si un ser vivo de cualquier especie llega a desarrollar una habilidad buena para el grupo, esto produce un cambio en el comportamiento fenotípico, que no es otra cosa que el rasgo o característica observable en un organismo, ya sea físico o de comportamiento. Este cambio en el fenotipo ha de alcanzar a la genética para que sea heredable, y por tanto, las nuevas generaciones se beneficien del avance natural.

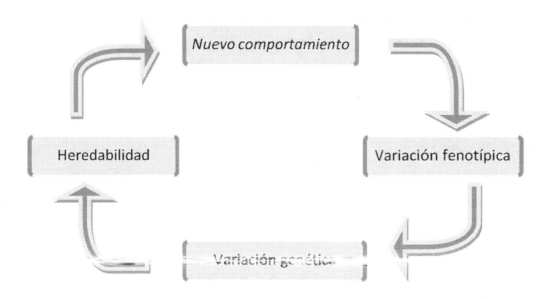

Círculo de la selección natural

Esto es así para todos los individuos y para todas las especies; también para el hombre. Seguro que hemos oído hablar del Hombre de Atapuerca, de la Sima de los Huesos, de los Neanthertales y del hombre moderno. Dicho en pocas palabras, no somos los únicos en la historia de la humanidad. El ser humano actual compartió espacio evolutivo con otro tipo de humanos, a los que se les reconoce inteligencia y capacidad de adaptación al medio igual que al modelo superviviente, del que somos ejemplo. Todos procedemos de una rama común: el conocido como Homo Heidelbergensis, de la que se diferenciaron el hombre de Neanthertal y el Homo Sapiens. ¿Colaboraban los homínidos? ¿Eran altruistas? Naveguemos en nuestro pasado.

Las pistas de la colaboración

Demos una primera pista. El Homo Heidelbergensis, cuyos ejemplares datan de una antigüedad de entre 400 y 200 mil años y de los que se han encontrado buen número de ejemplares en la Sima de los Huesos en Atapuerca (Burgos) nos trae un ejemplo de solidaridad impensable en un escenario de mera supervivencia biológica: los restos de un anciano de unos cuarenta y cinco años, con graves deformaciones en la columna y consecuente dificultad para caminar e incapacidad absoluta para cazar, medio único de conseguir alimento. Estos restos parecen indicar que los primeros homínidos presentaban rasgos de solidaridad ya que se ocupaban de los miembros más débiles sin aparente necesidad biológica de hacerlo. ¿O tal vez sí? ¿Se trataría de un brujo, un jefe de tribu cuya vida era suficientemente valiosa para sus congéneres como para implicarse en conservarla?

Segunda pista. El hombre de Neanthertal, cuya presencia en la Historia hay que retrotraerla a hace unos doscientos mil años, nos presenta un ejemplo de actividad colaborativa con el objetivo de la consecución del alimento a través de la caza. Los neanthertales desarrollaron una inteligente técnica de caza en la que participaban todos los miembros de la comunidad que tuvieran una potencia física suficiente, ya fueran hombres o mujeres. Consistía en provocar una estampida de animales, para lo cual los acosaban con armas, ruido y carreras a su alrededor. Tras ponerlos en fuga, los conducían hábilmente hacia una pared donde los atacaban en grupo o hacia un despeñadero por donde caían y simplemente habían de rematarlos. Dada la envergadura de bisontes, ciervos o caballos, las cacerías no eran precisamente actividades exentas de riesgo y con frecuencia los miembros del grupo eran heridos o muertos por el ataque animal. No obstante, estas técnicas de caza colaborativa permitían a los cazadores correr menos riesgos, acceder a un mayor número de piezas y conseguirlas de mayor tamaño; objetivos imprescindibles para la supervivencia de la especie. No olvidemos que del éxito de los cazadores dependía la alimentación de aquellos miembros de la tribu que no podían cazar, de los niños y de los inválidos. Sin embargo, cabe preguntarse: Estos comportamientos altruistas, arriesgando la vida por el grupo, ¿se acercan a los que analizamos al hablar de animales? ¿Presentan rasgos de humanidad?

Y la tercera pista: nosotros.

El hombre moderno, perteneciente al género Sapiens, hay que datarlo en torno a los cuarenta mil años, un tiempo relativamente cercano a la actualidad. Aunque compartieron espacio vital con los neanthertales, sus diferencias, no solo las físicas, son muy destacables. Los sapiens se caracterizan por su complejidad cultural. Ejemplo de ello son sus evolucionadas capacidades, como la innovación técnica, la adaptación a todos los ecosistemas, la capacidad de previsión, el establecimiento de redes sociales complejas, reflejadas en la ornamentación personal simbólica o ritual, el arte mobiliar, los ritos funerarios, la estratificación social y funcional muestra de la cual son las partidas de caza y recolección perfectamente organizadas en función de las capacidades de los individuos. Todas estas características nos llevan, sin duda, a preguntarnos si en esta especie, las actividades de colaboración y apoyo mutuo, evidentes y constantes, nacen exclusivamente del impulso de la supervivencia o van acompañadas de un matiz intelectual superior. ¿Será el Homo Sapiens un ser moralmente superior?

Que el perfeccionamiento en los sistemas de colaboración ayudó a la supervivencia de esta especie no se puede poner en duda. Las técnicas de caza especializadas, unidas a la recolección de frutos y semillas, dan lugar a una mejora en la alimentación y por tanto en la salud de los individuos de la tribu. Esto conlleva mayores

Los comportamientos altruistas no siempre llevan aparejados altos conceptos morales. El egoísmo se puede enmascarar en una actitud que parece desinteresada

índices de reproducción exitosa y por tanto, crecimiento demográfico; y éste a su vez, originaría la construcción de campamentos cada vez más grandes y estables, que son los entornos clave para el desarrollo de la cooperación y la comunicación social.

¿Estamos ante un nuevo escenario humano? ¿Podemos hablar de una colaboración altruista gratuita? ¿Nos atreveríamos a extrapolar que es este altruismo humanizado el motor de la supervivencia del homo sapiens y su evolución hacia el hombre actual?

Como en todos los debates abiertos, si nos pusiéramos a ello encontraríamos tantas opiniones y argumentos a favor como en contra, y todos ellos sólidos y argumentados.

Hablarían a favor quienes apuntaran que en el altruismo llamémosle evolucionado, o gratuito, el comportamiento se ve generado por una motivación consciente y generosa del individuo, que es la que le hace actuar en favor de otros. *Consciente, podría ser. ¿Generosa? ¡¡¡Nunca!!!* Apostarían con escándalo los defensores de lo contrario.

Imaginemos una tribu de Homo Sapiens que llega al estado de evolución suficiente como para pensar en cercar el poblado para protegerse de depredadores. Todos colaboran en la tarea; sin embargo podríamos encontrar hasta tres tipos de supuestos. A saber:

El individuo que colabora pensando en que así él estará a salvo: sería un altruista biológico pero un egoísta psicológico.

El que lo hace pensando en la comunidad: altruista puro, motivado por el bien común

El que lo hace porque sabe que es a lo que le obliga su entorno social: altruismo derivado de la educación o la norma. Una vez más, premio o castigo.

Esto nos llevaría a pensar que no siempre los comportamientos altruistas conllevan una calificación moral elevada, pudiendo estar guiados por el egoísmo o el deseo de supervivencia personal. Los defensores de la postura de que el único altruismo existente es el biológico, es decir, el orientado a la evolución de la especie y movido por actitudes de premio o castigo, dirían que hasta de la acción más aparentemente desinteresada, el actor obtiene un placer personal y egoísta, en forma de reconocimiento social, agradecimiento del receptor o autosatisfacción al saberse benefactor. Además, los comportamientos altruistas son siempre temporales, ningún ser humano permanece en estado de dedicación total hacia el bien común. Y si hay alguna excepción se trata de los llamados santos o locos, seres dentro de la ¿anormalidad? Vaya usted a saber.

No hemos de dejar de suponer los argumentos de los defensores del altruismo evolucionado: hablemos de emociones. La empatía y la compasión motivan para el comportamiento altruista. Ambas emociones son muy parecidas y provocan un comportamiento de ayuda desinteresada. La empatía es la habilidad social por la que el individuo es capaz de ponerse en el lugar del otro, de sentir lo que el otro siente; por tanto crece su motivación hacia la ayuda y la cooperación. A diferencia de la empatía en la que se manejan todo tipo de emociones, en la compasión las motivaciones a la actuación provienen siempre de emociones negativas. Incluso va más allá ya que el propio individuo receptor de la ayuda puede no ser consciente del mal que le aqueja, sino que dicha cooperación nace de la percepción del observador de una situación que puede no haber sido detectada por el sujeto que se encuentra en posición de debilidad.

Por no dejar de pensar

No llegaremos a concluir lo que no han concluido los expertos. Sepamos que la colaboración, la participación y el tiempo compartido es algo natural, en las especies animales y en esa de la que formamos parte: el ser humano.

Sepamos que de tal colaboración nacen beneficios para el individuo y para la especie. Pensemos que avanzaremos más juntos que por separado y demos un paso más buscando la forma de hacer del tiempo compartido un placer. Egoísta o altruista, pero placer al fin.

¿Te animas a participar? Pasa la página, encontrarás casi cincuenta divertidas y efectivas formas de hacerlo.

Categoría: Técnicas de Presentación y Conocimiento Mutuo

	Presenta a tu pareja
Descripción	Se formarán grupos de 2 personas. Se entregan tarjetas vueltas boca abajo con números 1 y 2. Cada número 1 se empareja con el número 2 más cercano. Una vez formadas las parejas, y durante un tiempo de 10 minutos intercambian información entre ellas, con contenidos que se establezcan como de interés para el grupo. Estos contenidos habrán sido acotados previamente por el facilitador. Ej. Nombre, edad, trabajo o estudios, objetivos del trabajo en equipo o de la actividad a realizar, etc... Por último, y ya en plenario, cada miembro de la pareja presenta al otro componente a todos los demás compañeros, durante un tiempo no superior a 5 minutos por persona.
Objetivo	El facilitador puede presentarse como un miembro del equipo y obtener información sobre los miembros. Los componentes pueden conocerse entre sí. Sirve para sentar las bases de la comunicación grupal.
Tamaño y edad	Ilimitado en grupos de 2. Cualquier edad.
Tiempo requerido	Depende del grupo. 10 minutos para intercambiar información entre las parejas y cinco minutos por presentación de cada miembro.
Material	Tarjetas de cartulina con igual número de unos y de dos. Tantas como asistentes.
Lugar de realización	Sala o exterior.
Recursos humanos	1 facilitador.

	Media frase
Descripción	Se realizan carteles en los que se escribirá la mitad de una frase o un refrán. Se revuelven y se reparten aleatoriamente entre los componentes del grupo. Los miembros se pegarán su nota en la solapa y se dispondrán a buscar a su compañero. Se puede buscar la alternativa de formar grupos de hasta cuatro personas buscando frases más largas. En este caso se requerirá en los componentes una edad suficiente como para que comprendan qué se está haciendo.
Objetivo	Hacer parejas entre los componentes de un grupo.
Tamaño y edad	Cualquier tamaño. A partir de 10 años.
Tiempo requerido	15 minutos.
Material	Papel, lápiz y cinta adhesiva.
Lugar de realización	Sala o aula despejada.
Recursos humanos	1 dinamizador.

Ficha núm. **3**

Presentación por fotografía	
Descripción	En la mesa central se extienden las fotografías de forma aleatoria. Los participantes elegirán aquella fotografía con la que se identifiquen más. Una vez que todos han elegido, se sientan en círculo y van presentándose a la vez que explican por qué han elegido la fotografía y cuáles son las características de su personalidad que le han hecho identificarse con la imagen.
Objetivo	No solo permite el mutuo conocimiento de los participantes sino que también aporta información sobre las cosas que emocionan a los participantes.
Tamaño y edad	No recomendable para grupos mayores de 30 personas. En caso de grupos infantiles, es especialmente importante seleccionar las fotografías para que sean comprensibles por los niños.
Tiempo requerido	5 minutos para seleccionar las fotos y cinco minutos máximo por intervención.
Material	Fotografías de animales, plantas y objetos, pegados en cartulinas y recortadas a modo de naipes.
Lugar de realización	Sala con una mesa central y sillas alrededor.
Recursos humanos	1 dinamizador.

Categoría: Técnicas de Presentación y Conocimiento Mutuo

Cambia de madriguera	
Descripción	El monitor explica que todos los miembros del grupo son conejos y que las esquinas (o el espacio señalado al efecto) serán las madrigueras. Habrá tantas madrigueras como grupos queramos llegar a formar. El monitor da una palmada y los componentes se dirigen a la madriguera que deseen. Durante 5 minutos pueden presentarse. Transcurrido el tiempo el monitor informa que la madriguera se ha incendiado y que deben cambiar de ubicación. Se repite la operación cuando la madriguera se inunda y cuando vienen cazadores. Debe quedar claro que cualquier miembro del grupo tiene que aprovechar el cambio de madriguera para trasladarse a otro que considere más afín. Al finalizar, se promoverá un diálogo en el que algunos de los participantes que cambiaron de grupo expliquen qué les motivó a hacerlo y los que no cambiaron darán también sus razones para el cambio. Si ha habido suficiente intercambio de personas y grupos prácticamente todo el grupo sabrá ya quien es quien. Se puede aprovechar el final de la actividad para realizar una presentación muy breve en forma de rueda.
Objetivo	Crear grupos de un número determinado de componentes.
Tamaño y edad	En torno a 30 componentes como máximo. Cualquier edad.
Tiempo requerido	20 minutos.
Material	Ninguno.
Lugar de realización	Sala despejada o espacio al aire libre.
Recursos humanos	1 dinamizador.

Ficha núm. **5**

Dos, cuatro, ocho

Descripción	Los asistentes se numeran del 1 al 2. Cuando todos sepan qué número les ha correspondido, cada número dos deberá elegir a un número uno para formar pareja. Si este acepta se retiran a un lugar aparte hasta que se haya formado todos los emparejamientos. A continuación, el monitor separa a la mitad de las parejas ubicándolas unas enfrente de otras. Entonces tendrán 3 minutos para hablar entre los dos miembros de cada par, ya que deberán tener claro qué pareja del grupo de enfrente quieren seleccionar para crear un cuarteto. Cada proposición puede ser rechazada o aceptada. En caso de rechazo, la pareja deberá preguntarse qué ha fallado, además de intentar buscar una pareja que les acepte. Una vez formado los cuartetos se procede del mismo modo para generar los grupos de ocho.
Objetivo	Generar grupos formados por percepciones de afinidad compartidas.
Tamaño y edad	Cualquier tamaño teniendo en cuenta que se deben acabar formando grupos de ocho. Adultos.
Tiempo requerido	30 minutos.
Material	Ninguno.
Lugar de realización	Sala amplia y despejada o lugar al aire libre.
Recursos humanos	1 dinamizador.

Categoría: Técnicas de Presentación y Conocimiento Mutuo

La rueda doble

Descripción	El grupo se divide en 2. Una mitad se coge de los brazos formando un círculo mirando al exterior; la otra mitad se coge de las manos y forma un círculo alrededor del anterior mirando hacia dentro de tal modo que una persona queda enfrente de otra. Esta será su pareja, por lo que debe fijarse en ella. El dinamizador toca el instrumento o enciende la música durante el tiempo que determine. Cuando pare, cada persona tiene que buscar a su pareja, cogerla de la mano y salir del círculo. Se vuelve a formar la rueda con los participantes que no se han emparejado y se vuelve a tocar la música, repitiéndose el proceso hasta que todo el grupo esté emparejado. Finalmente cada pareja presenta a su compañero a todo el grupo.
Objetivo	Conocer al compañero con el que formará pareja para continuar con las actividades.
Tamaño y edad	Cualquier tamaño y edad.
Tiempo requerido	30 minutos.
Material	Instrumento o equipo de música.
Lugar de realización	Sala despejada o al aire libre.
Recursos humanos	1 dinamizador.

	Baile de presentación
Descripción	El facilitador hace una pregunta que sea de interés para formar los grupos con orientación al trabajo en equipo posterior. Ej. ¿Qué te gusta más de tu trabajo? ¿Qué cualidad destacarías de tu personalidad? ¿Qué parte del programa de trabajo a realizar te motiva más? Cada participante escribe en una cartulina la respuesta a la pregunta y la pega a su espalda. En ese momento, los miembros del grupo se juntan en un espacio abierto y durante el tiempo que se marque, que puede animarse con música, buscan a los compañeros afines y les cogen de la mano. Se continúa hasta que los grupos se hayan formado o acabe el tiempo. El facilitador deberá asegurar que todos los miembros encuentran un grupo al que unirse. Formados los grupos, tendrán un tiempo de no más de 10 minutos para consensuar entre ellos las razones por las que se han juntado. Posteriormente, y ya en plenario, expondrán durante no más de 5 minutos las características de su identidad grupal.
Objetivo	Conocerse los participantes entre sí, así como conocer las afinidades entre ellos, y formar grupos con perfiles similares.
Tamaño y edad	Indefinido. Adultos.
Tiempo requerido	Dependerá del número de componentes. Entre 10 y quince minutos para formar los grupos. Diez minutos más para intercambio de información grupal y 5 minutos por grupo para el plenario.
Material	Cartulina e imperdibles o adhesivo para pegar los carteles a la espalda. Reproductor de música (optativo).
Lugar de realización	Sala con un espacio abierto y mesas para el plenario.
Recursos humanos	1 dinamizador.

Ficha núm. **8**

	Dioses del Olimpo
Descripción	El monitor explica brevemente qué era el Olimpo y cuáles eran sus principales dioses. En la pizarra estarán escritos los nombres de los dioses y sus características personales positivas y negativas (en ficha adjunta se describen las características a exponer). \n\n El grupo general se dividirá en subgrupos. \n\n Los participantes deberán señalar una característica positiva y negativa de su personalidad asociada a uno de los dioses. Se expondrán en panel conjunto y en función de lo expuesto se votarán las candidaturas con números del 1 al 6 siendo el 1 el menos valorado y el seis el que más. Con el resultado de la votación cada subgrupo propondrá un líder. El subgrupo recibirá el nombre del dios con el que se identificará durante todas las actividades conjuntas.
Objetivo	Propiciar la integración del grupo y permitir al monitor conocer más a fondo la personalidad de los participantes.
Tamaño y edad	No es recomendable un grupo numeroso dado que se realizará un amplio espacio de debate. Adultos.
Tiempo requerido	45 minutos.
Material	Papel lápiz y pizarra.
Lugar de realización	Sala o aula.
Recursos humanos	1 dinamizador.

NOMBRE DEL DIOS:	POSITIVAS	NEGATIVAS
JÚPITER	Establecía reglas, orientaba y corregía	Déspota, irritable, castigaba en exceso
APOLO	Dios de la calma, la serenidad y la razón	Muy frío, sin emociones ni sentimientos
DIONISIO	Dios de la alegría, la emoción, los sentimientos y la entrega apasionada	Impulsivo, temperamental, visceral y conflictivo
ATLAS	Responsable, dinámico, muy trabajador y muy fuerte	Abrumado de trabajo, acelerado
PROMETEO	Se rebela contra la injusticia, defiende a los humildes y ayuda a los demás.	Resentido social. Participativo con los de fuera y esquivo con los de cerca.
NARCISO	Seguro de sí mismo, alta autoestima	Pagado de sí mismo, soberbio

Categoría: Técnicas de Presentación y Conocimiento Mutuo

	Los nombres en tarjetas
Descripción	Cada persona tiene una tarjeta en la que escribe su nombre y se lo coloca prendido en la camisa. Los componentes se pasean de un lado a otro exhibiendo su tarjeta y los compañeros se fijan intentando recordar los nombres del mayor número posible de nombres. Transcurridos 10 minutos se recogen las tarjetas y se pasan de unos a otros hacia la derecha hasta que el dinamizador corta el tiempo. En ese momento cada participante tendrá una tarjeta en la mano y tendrá que buscar a la persona cuyo nombre corresponde.
Objetivo	Presentación de los componentes del grupo
Tamaño y edad	Cualquier tamaño aunque si supera los veinte componentes se dividirá en dos grupos. Adultos y niños mayores de 10 años
Tiempo requerido	30 minutos
Material	Tarjetas, lápices e imperdibles
Lugar de realización	Sala despejada o al aire libre
Recursos humanos	1 dinamizador

Ficha núm. **10**

	Anuncio clasificado
Descripción	Cada participante elabora un anuncio sobre sí mismo en 20 palabras, intentando venderse de la mejor manera posible. Se colocarán todos los anuncios en un tablero y se votarán los mejor redactados, más atractivos e impactantes. Durante el tiempo que dure la actividad del equipo y al inicio de cada jornada de trabajo se hará una ronda de oportunidades en la que cada participante intentará adivinar quién realizó cada anuncio, colocándose el nombre del anunciante junto al anuncio conforme se va descubriendo. Al final del tiempo de actividad se deberán haber descubierto todos los nombres. En caso de que no sea así se desvelarán en la última jornada. El dinamizador deberá tener asociado el anuncio y el anunciante desde el primer momento, aunque no podrá revelarlo ni dar pistas hasta el último día.
Objetivo	Presentación con espíritu de "venta personal".
Tamaño y edad	Cualquier tamaño. Preferiblemente no muy numeroso (en torno a 20 pax). Adultos.
Tiempo requerido	30 minutos.
Material	Papel y lápiz.
Lugar de realización	Sala o aula.
Recursos humanos	1 dinamizador.

	Decálogo de máximas
Descripción	Se forman grupos de 6 componentes a los que se les pide que elaboren de forma grupal un decálogo de buenas prácticas, relacionado con su entorno laboral, o con su ética particular, según sea el objetivo del momento. Transcurrido 20 minutos en los que los componentes de cada uno de los grupos habrán consensuado y puesto por escrito su decálogo, se irán leyendo por turno los comentarios. El monitor escribirá en una pizarra y de forma esquemática las ideas sugeridas. Al final se debatirá sobre las coincidencias y las no coincidencias entre los grupos consensuándose un decálogo general.
Objetivo	Permite conocer en mayor profundidad a los componentes del grupo generando sinergias y favoreciendo una comunicación más fluida.
Tamaño y edad	En torno a un máximo de 30 personas. Adultos.
Tiempo requerido	30 minutos.
Material	Papel y lápiz.
Lugar de realización	Sala o aula.
Recursos humanos	1 dinamizador.

Ficha núm. 12

	La telaraña
Descripción	Sentados los participantes en círculo, el facilitador, que inicia la Ronda, sujeta el inicio del hilo y se presenta a sí mismo y lanza la cuerda a la persona que desee. Ésta se presenta y lanza al siguiente según le parezca sin soltar su parte del cordel. Al llegar al final, el último participante devuelve el ovillo a quien se lo lanzó y hace la presentación del mismo. Éste procede de igual modo hasta llegar al dinamizador que tiene la punta del ovillo. Dos notas importantes: - los participantes tienen que tener claro que deben prestar atención a quien esté hablando en cada momento ya que no Se sabe quién va a recibir el ovillo. - se deben plantear un máximo de cuatro cuestiones a las que responderán los participantes en su intervención Ejemplo: nombre, ocupación, aficiones e interés en el objeto del trabajo del equipo.
Objetivo	Hacer que los participantes se conozcan y crear un clima de confianza y distensión.
Tamaño y edad	No más de veinte personas, en el caso de adultos. No más de diez en el caso de niños.
Tiempo requerido	40 minutos
Material	Un ovillo de cuerda o hilo de algodón grueso.
Lugar de realización	Sala o espacio abierto.
Recursos Humanos	1 dinamizador.

	Engañando al grupo
Descripción	El dinamizador elegirá al azar a 5 miembros del grupo. Cada uno tendrá un tiempo de reflexión de cinco minutos para recordar o componer tres anécdotas de su infancia. Éstas podrán ser totalmente ciertas o totalmente inventadas o una verdad y dos mentiras o a la inversa. El tiempo de exposición es de 5 minutos por persona. Los narradores contarán sus anécdotas por turno y el resto de los componentes anotarán de forma individual. No se podrá interrumpir al narrador. Al finalizar la exposición se votarán como verdaderas o falsas cada una de las anécdotas resultando el mayor mentiroso y el más transparente, de esa votación. Si se desea se puede ampliar el debate con una reflexión plenaria sobre cómo se sienten los individuos cuando son engañados y cómo cuando tienen o quieren mentir o engañar.
Objetivo	Reflexionar sobre la mentira, el disimulo y las emociones relacionadas con engañar y ser engañado
Tamaño y edad	25 personas. Adultos.
Tiempo requerido	45 minutos.
Material	Papel y lápiz.
Lugar de realización	Sala o aula.
Recursos humanos	1 dinamizador.

Categoría: Técnicas de Presentación y Conocimiento Mutuo

Nombre y cualidad

Descripción	En la primera sesión de presentación del grupo y como complemento a cualquiera de las técnicas de presentación. Cada componente del grupo recibirá una tarjeta en la que escribirá su nombre y la característica que él considere como más destacable de su personalidad. Todas las tarjetas se pincharán en un tablero de corcho en el que permanecerán hasta la finalización de la actividad del grupo. Cada día los participantes tendrán a su disposición los gomets que colocarán en la tarjeta del componente que ellos crean que mejor se ha identificado. En la última jornada cada miembro del equipo recibirá su tarjeta con las votaciones y se realizará un breve debate plenario sobre las impresiones personales, sobre la percepción que los demás tienen de nosotros y de cómo se ajustan o no a la percepción que tenemos de nosotros mismos.
Objetivo	Comparar la imagen propia con la que los demás llegan a formarse de nosotros.
Tamaño y edad	Cualquier tamaño. Adultos.
Tiempo requerido	30 minutos.
Material	Papel, lápiz, gomets (adhesivos circulares de señalización) y tablero de corcho.
Lugar de realización	Sala o aula.
Recursos humanos	1 dinamizador.

	Método CARI
Descripción	Se divide el grupo y se trabaja en el entorno de los subgrupos analizando tanto el contenido teórico de los aspectos del método CARI como la aplicación del mismo a la relación grupal desarrollada hasta el momento. Las conclusiones de los subgrupos se debaten en plenario. Aspectos CARI analizar: **C**ONFIANZA: Confianza interpersonal y sin miedos. **A**PERTURA: Libre flujo de información, ideas, percepciones y sentimientos. **R**EALIZACIÓN: Autodeterminación, sintiéndose libre para actuar, haciendo realmente lo que se desea hacer. **I**NTERDEPENDENCIA: Influencia recíproca, responsabilidad compartida y liderazgo.
Objetivo	Realizar una autoevaluación del grupo. Se recomienda para grupos maduros o que tienen experiencias anteriores de trabajo en equipo.
Tamaño y edad	24 componentes en grupos de 6. En caso de que superen este número se dividirán en 8 grupos y cada uno de ellos analizará uno de los aspectos CARI para exponer en plenario (de este modo habrá dos comentarios por cada aspecto a analizar)
Tiempo requerido	Media hora para debate en subgrupos y media hora para plenario.
Material	Papel y lápiz.
Lugar de realización	Sala o aula.
Recursos humanos	1 dinamizador.

Ficha núm. 1

	Respiración profunda
Descripción	Los participantes se sientan en círculo asegurándose de que tienen la espalda recta, las piernas sin cruzar y las manos apoyadas una en el estómago y otra en el pecho. Los ojos cerrados. Se debe tomar aire lentamente procurando hacerlo con la parte inferior de los pulmones prestando atención a que lo que se infle sea el estómago y después el pecho. Las manos apoyadas servirán para tomar conciencia de la inspiración. La espiración se realizará en sentido inverso y de forma lenta, de modo que dure el doble que la inspiración. El monitor guiará a los participantes con la voz contando los segundos de inspiración y espiración.
Objetivo	Permitir que los participantes se relajen en pocos minutos y se liberen de la ansiedad.
Tamaño y edad	Cualquier edad. Funciona mejor con un número pequeño de participantes (no más de diez).
Tiempo requerido	15 minutos.
Material	Ninguno.
Lugar de realización	Una sala con sillas por cada 10 participantes. Es necesario un ambiente silencioso.
Recursos humanos	Un dinamizador cada 10 participantes, quien debe estar entrenado para conducir de forma pausada a los participantes.

Brazos pesados y calientes	
Descripción	Una vez transcurridos los cinco primeros minutos en los que se practicará la respiración profunda, el dinamizador guiará a los participantes diciendo: 'mis brazos pesan'. Tras unos minutos indicará 'mis piernas pesan'. Después, 'mis brazos y piernas pesan'. Después, "mi cuerpo está pesado y caliente'. Cuando finalice el tiempo del experimento se terminará estirando primero piernas y luego brazos, moviendo manos y pies.
Objetivo	Permitir que los participantes se relajen en pocos minutos y se liberen de la ansiedad.
Tamaño y edad	Cualquier edad. Funciona mejor con un número pequeño de participantes (no más de diez).
Tiempo requerido	20 minutos.
Material	Ninguno.
Lugar de realización	Una sala con sillas por cada 10 participantes. Es necesario un ambiente silencioso.
Recursos humanos	Un dinamizador cada 10 participantes, quien debe estar entrenado para conducir de forma pausada a los participantes.

Paisaje personal	
Descripción	Una vez transcurridos los cinco primeros minutos en los que se practicará la respiración profunda, el dinamizador guiará a los participantes para que imaginen un espacio natural en el que se sientan cómodos. Pueden escuchar la naturaleza, sentir sus olores y percibir el aire y el ambiente imaginado. En ese espacio construyen su hábitat personal en el que encuentran todo lo que necesitan para sentirse relajados y a gusto consigo mismos y con la vida. En ese entorno podrán pensar en las maneras de ver un problema, una cuestión, sabiendo que van a encontrar el modo de resolverla, con positividad y éxito. Transcurrido el tiempo marcado, el monitor les ayudará a 'despertar' sintiéndose cómodos y con la mente relajada y abierta. Para practicar esta técnica es deseable tener cierta habilidad en el control de la respiración y la relajación física explicada en las fichas 1 y 2 de esta misma serie.
Objetivo	Permitir que los participantes se relajen en pocos minutos y se liberen de la ansiedad. Permite mejorar la concentración y el pensamiento creativo.
Tamaño y edad	Adultos en grupo de no más de 10 personas por dinamizador.
Tiempo requerido	20 minutos.
Material	Ninguno.
Lugar de realización	Una sala con sillas por cada 10 participantes. Es necesario un ambiente silencioso.
Recursos humanos	Un dinamizador cada 10 participantes, quien debe estar entrenado para conducir de forma pausada a los participantes.

Punto de luz

Descripción	Una vez transcurridos los cinco primeros minutos en los que se practicará la respiración profunda, el dinamizador guiará a los participantes para que imaginen estar en un lugar cómodo, tranquilo y en penumbra. A lo lejos ven un punto de luz que se acerca lentamente visualizándolo cada vez más cercano y de un tamaño mayor. Por fin, el punto brillante toca la frente y envuelve al participante, lentamente desde la cabeza a los pies. El monitor debe ir conduciendo con la voz la imaginación de los miembros del grupo para que sientan cómo se van envolviendo en luz. Una vez convertidos en grandes burbujas de luz pueden pasar el tiempo disfrutando de la luminosidad y la paz, flotando en un espacio cálido y protector. Finalizado el tiempo del ejercicio, el monitor conduce a los participantes a volver al momento real, haciendo que la luz de la que se han rodeado suba de los pies a la cabeza, salga por su frente y vuelva a su lugar en el espacio.
Objetivo	Permitir que los participantes se relajen en pocos minutos y se liberen de la ansiedad. Permite mejorar la concentración y el pensamiento creativo.
Tamaño y edad	Adultos en grupo de no más de 10 personas por dinamizador.
Tiempo requerido	20 minutos.
Material	Ninguno.
Lugar de realización	Una sala con sillas por cada 10 participantes. Es necesario un ambiente silencioso.
Recursos humanos	Un dinamizador cada 10 participantes, quien debe estar entrenado para conducir de forma pausada a los participantes.

Categoría: Técnicas de Animación e Integración

El amigo secreto	
Descripción	El dinamizador entrega un papel a cada componente del grupo. Los miembros escribirán sus nombres, dos o tres características de su personalidad y/o de su desempeño laboral. Se juntan todos los papeles doblados en una bolsa y los participantes sacan por turno un papel. La persona que lo ha escrito es su amigo secreto. Nadie debe desvelar la información. Solo en el caso de que alguien haya cogido su propio nombre, deberá devolver el papel a la bolsa y coger uno nuevo. A lo largo de las jornadas de trabajo los miembros del grupo dejarán un mensaje a nombre de su amigo secreto quien lo recibirá de igual modo al principio de cada día (el dinamizador realizará la recopilación y entrega de los mensajes). En el último día se dedicará un tiempo en el que cada participante intentará averiguar de quien ha sido el amigo secreto según las conclusiones que saque de los mensajes recibidos. Si no acierta, aquel de quien sea el amigo secreto deberá revelarlo. Se continuará hasta que se hayan desvelado todos los amigos.
Objetivo	Todas las técnicas de animación comparten el objetivo de hacer que los participantes estrechen lazos de confianza. El facilitador deberá utilizarlos con prudencia y no abusar de ellas ya que podrían convertir el trabajo en una fiesta permanente que impediría centrar la atención en el objetivo del trabajo en equipo o el desempeño grupal.
Tamaño y edad	Máximo 20 participantes. Adultos.
Tiempo requerido	Se recomienda aplicar la técnica en la primera o segunda jornada de participación para poder desarrollarla a lo largo del tiempo de actividades conjuntas y finalizaría el último día de trabajo.
Material	Papeles para el primer día de aplicación.
Lugar de realización	Sala donde se junten los miembros del grupo en plenario.
Recursos humanos	1 dinamizador.

	El alambre pelado
Descripción	Una persona del grupo elegida al azar sale del espacio físico. Esta persona será el 'detector'. De entre los que se quedan, el dinamizador elegirá a un componente que será el 'alambre pelado'. Todos los componentes se colocan en círculo con las manos unidas. El 'detector' entrará en la ronda y tratará de encontrar cuál es el alambre pelado guiándose bien por la intuición, bien por las actitudes que observe en los participantes. Estos animarán subiendo y bajando los brazos como si por ellos circulara una corriente eléctrica. Tendrá 3 oportunidades para adivinar quién es el 'alambre pelado'. En caso de que no lo encuentre, el participante que provocaba el cortocircuito se identificará y se convertirá en el nuevo 'alambre pelado'. Sigue el juego hasta llegar al tiempo marcado.
Objetivo	Todas las técnicas de animación comparten el objetivo de hacer que los participantes estrechen lazos de confianza. Además esta técnica favorece el recuperar la concentración cuando el grupo parece estar disperso.
Tamaño y edad	Grupos de 20 en 20 personas como máximo. Niños o adultos.
Tiempo requerido	10 minutos. El juego no tiene un fin determinado. Su objetivo es distendir y ocupar la mente en algo diferente a lo que se venía haciendo. No conviene prolongar el tiempo de realización para no convertirlo en un juego.
Material	Ninguno.
Lugar de realización	Sala despejada o al aire libre.
Recursos humanos	1 dinamizador por cada grupo de 20 personas.

Categoría: Técnicas de Animación e Integración

Ficha núm. **3**

Mar adentro y mar afuera	
Descripción	Se dividen los participantes en grupos de entre 15 y 20 personas que realizarán en paralelo la misma actividad. En una sala despejada o al aire libre (conviene que se realice en un espacio físico diferente al que se está trabajando), se marca una línea divisoria en el suelo. Los participantes se colocan detrás de la línea y a la indicación del monitor con la frase 'Mar adentro' los participantes deberán pasar de un salto la línea divisoria hacia delante. A la voz de 'mar afuera' darán el salto en sentido contrario. El que se equivoque abandonará el grupo. El dinamizador aumentará progresivamente el ritmo hasta que solo quede un ganador o se haya finalizado el tiempo marcado para la actividad.
Objetivo	Todas las técnicas de animación comparten el objetivo de hacer que los participantes estrechen lazos de confianza. Esta técnica es muy indicada cuando se aprecia que los participantes se muestran cansados y desatentos ya que permite la relajación a la vez que promueve el dinamismo físico.
Tamaño y edad	Grupos de 20 en 20 personas como máximo. Niños o adultos.
Tiempo requerido	10 minutos.
Material	Ninguno.
Lugar de realización	Sala despejada o al aire libre.
Recursos humanos	1 dinamizador por cada 20 participantes.

El cuento vivo

Descripción	Los participantes se sientan en círculo. El monitor se sitúa en el centro y empieza una narración de cualquier temática procurando que esté a la altura de los participantes y a su perfil. En la narración se crearán personajes, aparecerán animales, objetos parlantes y cuanto deseen los participantes. Una vez iniciada la narración el dinamizador señala a la persona del círculo que continuará con la narración por un tiempo de 2 a 3 minutos. El cuento irá avanzando hasta que el último participante cierre con una moraleja final. El dinamizador estará atento para hacer el pase de palabra de forma dinámica y asegurar que todos los participantes tengan sus 3 minutos de intervención.
Objetivo	Todas las técnicas de animación comparten el objetivo de hacer que los participantes estrechen lazos de confianza. Esta técnica permite favorecer la concentración en un ambiente relajado y creativo.
Tamaño y edad	Grupos de 10 personas como máximo. Adultos y niños.
Tiempo requerido	30 minutos.
Material	Ninguno. El monitor puede utilizar esquemas de posición o listado de nombres para asegurar la participación de todos los componentes.
Lugar de realización	Sala con sillas en forma circular. Una sala por cada grupo de 10 personas.
Recursos humanos	1 dinamizador por cada grupo de 10 personas.

Ficha núm. **5**

Los números	
Descripción	Se hacen dos juegos de cartulinas con números del 0 al 9. Se entrega una cartulina de modo aleatorio a cada participante. De este modo se han generado dos grupos de 10 personas de las cuales cada una portará un número del 0 al 9.
	El dinamizador dirá un número de tres cifras y los componentes de cada grupo darán un paso adelante para formar el número. El grupo que primero lo forme ganará un punto. Al final del tiempo señalado será proclamado ganador el equipo que más puntos haya conseguido.
Objetivo	Todas las técnicas de animación comparten el objetivo de hacer que los participantes estrechen lazos de confianza. Se pueden emplear al inicio de las actividades o en momentos en que crezca el desánimo para volver a dinamitar al equipo. El facilitador deberá utilizarlos con prudencia y no abusar de ellas ya que podrían convertir el trabajo en una fiesta permanente que impediría centrar la atención en el objetivo del trabajo en equipo o el desempeño grupal.
Tamaño y edad	20 personas en 2 grupos de 10.
Tiempo requerido	15 minutos.
Material	Cartulinas de tamaño cuartilla con números del 0 al 9. Dos juegos de cartulinas de diferente color.
Lugar de realización	Sala despejada o al aire libre.
Recursos humanos	1 dinamizador.

	Cada cual que siga su juego
Descripción	El objeto de la actividad es la representación teatral de una obra de teatro en diez actos de diez minutos. En grupo plenario se decide el contenido de la obra y de cada uno de los actos. Los participantes eligen su personaje procurando que se parezca lo menos posible a su personalidad. Se da un tiempo para reflexionar de forma individual sobre el personaje y cómo actuará en el entorno de la obra. Se inicia a continuación la representación en la que los personajes se irán adaptando a la representación de sus compañeros. Al final se puede abrir un breve espacio de debate en el que se comenten las experiencias tanto en la representación de los personajes como en el seguimiento de la trama. Variación: si el grupo así lo requiere se puede nombrar un director y un coordinador de la obra para apoyo del dinamizador.
Objetivo	En este caso, se pretende que el participante experimente sus sensaciones al representar un papel que no se atiene a su personalidad y además adecuar su actuación a la del resto de compañeros.
Tamaño y edad	Se sugiere que sea un grupo poco numeroso. Entre 10 y 15 personas.
Tiempo requerido	1 y 30 minutos. 30 minutos para trazar las pautas generales y 30 minutos para la representación.
Material	Papel y lápiz.
Lugar de realización	Sala despejada en su mitad, la otra con sillas y mesas. Lo ideal una sala en teatro con escenario.
Recursos humanos	1 dinamizador+ 1 persona de apoyo para movimiento de mobiliario.

	No somos islas
Descripción	El dinamizador forma subgrupos en un número entre 4 y 7 participantes. Se reparte en cada grupo una hoja de lectura (anexo 1 a esta ficha), una hoja de reflexión y papel en blanco para elaborar el discurso final. Se procede a la lectura de la hoja y se fija un tiempo para la reflexión y toma de notas conjunta de 20 minutos. Tras ese tiempo se aparta la hoja y se trabaja sobre la ficha completando la frase "estoy en una isla cuando.....". Se aporta una frase por cada miembro del grupo. Con esto termina el tiempo de reflexión final. El grupo tendrá otros veinte minutos para elaborar un discurso de un máximo de un folio para explicar sus conclusiones. Se designará un portavoz que hará una lectura en el plenario.
Objetivo	Reflexionar sobre la necesidad de comunicarnos compartir con los demás.
Tamaño y edad	Indefinido. Adultos.
Tiempo requerido	1 hora.
Material	Hoja de lectura. Hoja de dibujo. Hoja para reflexiones. Papel blanco y lápiz.
Lugar de realización	Sala o aula.
Recursos humanos	1 dinamizador.

NO SOMOS UNA ISLA (hoja lectura y reflexión)

NO SOMOS ISLAS:

Todos estamos unidos por el amor,
por el pensamiento,
por la vida.

A veces, es solo un amor
un pensamiento
y una vida lo que ofrecemos
a los demás, sin recompensa alguna.

NO SOMOS ISLAS:

Únicamente el egoísta puede decir que está solo.

Solo… porque ha renunciado a amar y a ofrecerse a los otros.

Solo… porque ha hecho de su vida una isla

SOMOS UNA ISLA CUANDO......

Ficha núm. **8**

	Cuadrados rotos
Descripción	El dinamizador divide el grupo en subgrupos de 5 miembros y 1 juez. Se entrega 1 sobre a cada miembro del grupo. También se entrega un folio con las instrucciones de los participantes y otro al juez con las instrucciones de su participación. (5 minutos) Se debaten las dudas y se inicia el tiempo para realizar el montaje de los cuadrados (10 minutos) Terminado el tiempo de montaje se dedican 10 minutos a que el juez de cada uno de los grupos explique las notas que ha tomado sobre su observación del trabajo conjunto realizado según las pautas se marcan en su hoja de instrucciones y 5 minutos más a que los participantes que lo deseen expliquen cómo se han sentido durante la realización de la actividad.
Objetivo	Analizar y potenciar el valor de la cooperación como elemento del trabajo en equipo. A sensu contrario tomar conciencia de como las actitudes negativas o individualistas impiden la evolución al grupo entero.
Tamaño y edad	Ilimitado. Adultos.
Tiempo requerido	40 minutos.
Material	Cuadrados de cartulina y sobres.
Lugar de realización	Sala o aula con sillas y mesas.
Recursos humanos	1 dinamizador.

INSTRUCCIONES PARA HACER EL EJERCICIO DE CUADROS ROTOS

El juego consiste en 5 sobres que contengan piezas de cartulina cortadas en diferentes formas, los cuales debidamente acomodados deberán formar 5 cuadrados del mismo tamaño. Se deberá entregar un juego por cada grupo de 5 personas. Es conveniente que cada juego de sobres sea de un color diferente, así en caso de desorden cada grupo tendrá claro cuáles son sus piezas.

Para preparar un juego, corte cinco cuadrados de cartulina. Cada uno debe medir exactamente 15 x 15 cm y llevar los cortes con la forma que se indica en el anexo 4 de esta ficha Todas las piezas marcadas con la letra A, deberán ser del mismo tamaño, todas las que correspondan a la letra C serán del mismo tamaño, etc., Es posible que diversas combinaciones formen uno o dos de los cuadrados, pero solamente una combinación formará los cinco cuadrados, cada uno de 15 x 15 cm.
Luego se prepararán cinco sobres de la siguiente forma: el sobre N° 1 contendrá: I, H, E; el 2 tendrá A, A, A, y C; el 3 tendrá A J y; el 4 tendrá D, F y el 5 tendrá G, B, F, y C.

HOJA DE INSTRUCCIONES
PARA EL GRUPO DE LOS CUADROS ROTOS

Cada uno de ustedes tiene un sobre el cual contiene piezas de cartulina para formar cuadrados. Cuando el Facilitador de la señal de empezar, la tarea de su grupo será la de formar cinco cuadrados de igual tamaño. La tarea terminará cuando uno de los grupos haya conseguido el objetivo

Limitaciones específicas que se imponen al grupo durante la realización de este ejercicio:

1. No está permitido hablar.

2. No está permitido pedir a ningún miembro del grupo piezas, ni hacer señales, signos, etc. para solicitarlas. (Los miembros podrán voluntariamente darle piezas a los demás)

Ficha núm. **8**
anexo 3

HOJA DE INSTRUCCIONES DEL JUEZ/OBSERVADOR
JUEGO DE LOS CUADROS ROTOS

Su misión es ser en parte Observador y en parte Juez. Como Juez, deberá asegurarse de que cada participante observe las siguientes reglas:

1. No se permite hablar, señalar o utilizar cualquier otro tipo de comunicación no verbal.

2. Los participantes pueden dar piezas directamente a otros, pero no pueden tomar piezas de las otras personas.

3. Los participantes no pueden poner sus piezas en el centro para que los demás las tomen.

4. No se permite que cualquiera de los miembros de todas sus piezas, aún cuando ya haya formado su cuadrado.

Como observador, ponga atención a lo siguiente:

1. ¿Quién está dispuesto a dar piezas de su rompecabezas?

2. ¿Hay alguno que cuando termina "su" rompecabezas se desentiende de los demás integrantes del grupo?

3. ¿Alguno de los participantes lucha con sus piezas, pero no es capaz de dar alguna o todas?.

4. ¿Cuántas personas se encuentran comprometidas activamente en llevar a cabo su tarea?

5. ¿Cuál es el nivel de ansiedad o frustración?

6. ¿Hay algún punto en dónde el grupo empieza a cooperar?

7. ¿Alguno trata de violar las reglas hablando o señalando para ayudar a alguno de los miembros a resolver sus problemas?

PROPUESTA DE DIBUJOS PARA LA PRACTICA

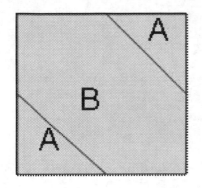

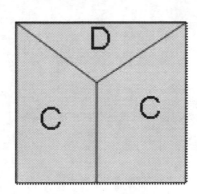

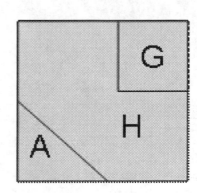

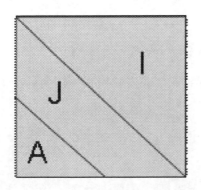

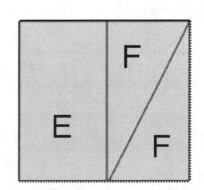

	Días de la semana
Descripción	Se dividen los participantes en grupos de 9 personas. Previamente se han preparado 9 sobres por grupo en los que se han incluido al azar las letras que permitirán conformar los nombres de los siete días de la semana. De modo que ninguno de los sobres contenga las letras para formar una palabra completa. Se entrega un sobre a cada miembro de cada uno de los grupos. Sin hablar ni hacer gestos de comunicación no verbal cada grupo deberá formar, lo más rápidamente posible, los nombres de los días de la semana. Ganará el equipo que más pronto termine. Se dará tiempo para encontrar un primero, un segundo y un tercero. Estos tres equipos ganadores explicarán cuál ha sido su estrategia para la colaboración. El equipo que menos palabras haya conseguido completar explicará también las dificultades que ha encontrado para llevar adelante el trabajo.
Objetivo	Todas las técnicas de animación comparten el objetivo de hacer que los participantes estrechen lazos de confianza. Se pueden emplear al inicio de las actividades o en momentos en que crezca el desánimo para volver a dinamizar al equipo.
Tamaño y edad	Adultos y niños mayores de 10 años.
Tiempo requerido	40 minutos.
Material	Cartulinas y sobres.
Lugar de realización	Sala o aula con mesas.
Recursos humanos	1 dinamizador.

Ficha núm. **10**

	Dibujando a ciegas
Descripción	Se divide a los participantes en grupos de 6 u 8 miembros. Se elegirán 2 dibujantes en cada grupo. El resto de los miembros dará instrucciones para dibujar una serie de figuras en la pizarra. Los dibujos serán los mismos para los dos dibujantes, por lo que el segundo dibujante de cada uno de los grupos deberá abandonar la sala mientras se hace el primero de los trabajos (se anexa propuesta del dibujo).
	En la primera ronda de dibujos, y solo mediante la comunicación verbal el dibujante irá recibiendo explicaciones sucesivas sin mirar al resto de los participantes y sin poder pedir explicaciones. No se puede decir si el dibujo está bien o mal hecho. Solo el dibujante podrá pedir aclaración en el caso de que considere que el dibujo no se está realizando correctamente.
	En la segunda ronda de dibujos, el segundo participante podrá ver las caras y gestos de los que dan la explicación y estos podrán hacer expresiones con la cara pero no emitir ningún tipo de sonido. Sin embargo, tampoco podrán decir si el dibujo va bien o mal ni si el dibujante debe rectificar o no. Éste pedirá explicaciones solo en el caso de que perciba por sí mismo que el dibujo no se está realizando correctamente.
	Al final se compararán los dos resultados y se debatirá en plenario sobre las dificultades para la emisión y recepción de los mensajes en cada uno de los casos.
Objetivo	Con esta práctica se trata de potenciar la concienciación de la importancia de la comunicación no verbal para la comprensión de los mensajes.
Tamaño y edad	Indefinido. Adultos y niños mayores de 10 años
Tiempo requerido	30 minutos.
Material	Una pizarra y rotuladores por cada uno de los grupos que se formen.
Lugar de realización	Sala o aula.
Recursos humanos	1 dinamizador.

PROPUESTA DE DIBUJOS PARA LA PRACTICA

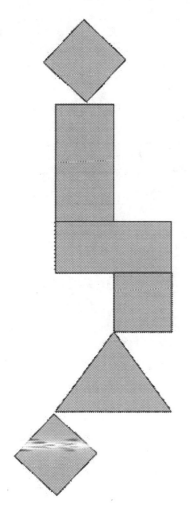

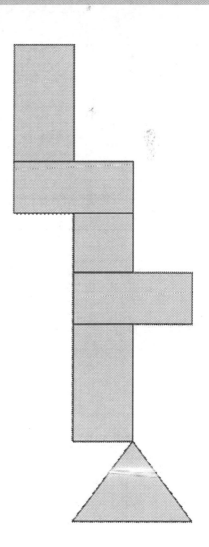

Ficha núm. **11**

	Los hermanos desunidos
Descripción	El dinamizador dividirá el grupo en subgrupos de 6 participantes. Cada uno recibirá para su lectura una copia de la fábula de Esopo de los hermanos desunidos (se adjunta como anexo 1 a esta ficha) y un ejemplar de cuestionario (se adjunta como anexo 2 a esta ficha) El monitor lee en alto la historia y los participantes, a nivel individual, tendrán un tiempo de reflexión tras el que cumplimentarán el cuestionario que se les ha entregado. Después, debatirán en el seno de los subgrupos para consensuar unas respuestas conjuntas y, por último, en sesión plenaria, se hará un debate del que saldrán conclusiones de mejora para todo el equipo.
Objetivo	Esta práctica conviene realizarla en momentos en que el grupo empiece a dispersarse y se enrarezca el clima interno.
Tamaño y edad	Indefinido. Adultos
Tiempo requerido	45 minutos
Material	Hoja con la fábula impresa, hoja cuestionario y lápices
Lugar de realización	Sala o aula
Recursos humanos	1 dinamizador

FÁBULA DE LOS HERMANOS DESUNIDOS (ESOPO)

IDENTIFICACIÓN CON LOS PERSONAJES DE UNA FÁBULA
LOS HERMANOS DESUNIDOS

La historia ocurre en un pequeño pueblo en donde vive un padre con sus dos hijos adolescentes. Desde pequeños los hermanos viven continuamente peleando. Su padre ha recurrido a cuanto medio ha sido posible para modificar esta actitud, pero todo ha sido en vano. Los días transcurren entre gritos amenazas y golpes. El padre ve con pena que cada vez es más viejo y aún no ha logrado que haya paz entre sus hijos.

Un día, estando de paseo con ellos por el campo, vino a su mente una idea: recogió varias varitas secas, hizo con ellas un atado y luego llamó a sus hijos. Le pasó al primero de ellos el montón de varitas y pidió que las partiera. El hijo intentó varias veces romperlas, pero le resultó imposible. Cada fracaso era celebrado con gozo por su hermano. Después el padre invitó al otro hijo para que lo intentara. También lo hizo pero, al igual que a su hermano, le fue imposible quebrarlas. El padre tomó nuevamente el montón de varitas y las dividió en dos, pasó una parte a cada uno y los invitó nuevamente a que intentaran romperlas. Así lo hicieron los hijos y esta vez no tuvieron problemas en hacerlas mil pedazos. Entonces el padre, mirando fijamente a sus hijos, les dijo: "Así ocurrirá con vosotros. En la medida en que sigáis divididos por peleas, cualquiera os destruirá. Pero si os unís, nada ni nadie podrá destruiros".

CUESTIONARIO PARA LA PRÁCTICA

¿Cómo describirías a cada personaje?

¿Qué puede haber provocado las peleas entre hermanos?

¿Cómo podrían unirse los hermanos de la fábula?

¿De qué manera pueden comparar el relato con nuestro grupo?

¿Cuáles son las causas de la falta de integración?

¿Qué tareas concretas propones para mejorar la unión del grupo, y qué se puede realizar en un corto plazo?

Categoría: Técnicas para Trabajar con Contenidos

	Palabra clave
Descripción	Dentro de la temática que se vaya a tratar, bien en un grupo de trabajo o bien en un grupo de ocio cultural, el dinamizador tanto al inicio, a modo de introducción, como en cualquier momento del desarrollo de la actividad, hará un discurso, presentará una lectura o un video y preguntará cuáles son las palabras clave que los participantes han detectado en los contenidos que les han sido presentados. Cada participante escribirá una palabra por tarjeta y la pegará en la pizarra. En total se harán un máximo de tres contribuciones. Las palabras se agruparán por familias temáticas de forma consensuada y cada uno de los miembros del grupo explicará brevemente el por qué de su elección.
Objetivo	Hacer que los participantes sean conscientes de cuánto conocen acerca de una temática concreta en torno a la que se va desarrollar el trabajo o la actividad.
Tamaño y edad	Indefinido. Adultos y niños mayores de 10 años.
Tiempo requerido	30 minutos.
Material	Pizarra adhesiva y papeles para notas.
Lugar de realización	Sala o aula.
Recursos humanos	1 dinamizador.

Cadena de asociaciones	
Descripción	Bien partiendo de una selección realizada por el dinamizador o bien por la selección de palabras clave que hayan aflorado a través de la técnica descrita como número 1 de esta categoría, los participantes aportarán los conceptos o palabras que ellos crean que tienen relación con la palabra clave. El dinamizador va recogiendo la información y asociándola con el concepto matriz en forma de columnas. Se abrirá posteriormente un tiempo de debate que se cerrará con la elaboración de conclusiones.
Objetivo	Esta técnica permite conocer qué entienden las personas por alguna de las palabras clave que se propongan a consideración. Facilita ver que no todo el mundo piensa y entiende lo mismo acerca de una palabra y que varias interpretaciones pueden ser válidas a la vez.
Tamaño y edad	Indefinido. Adultos y niños mayores de 10 años.
Tiempo requerido	30 minutos.
Material	Cartulinas o papel para apuntar las aportaciones.
Lugar de realización	Sala o aula
Recursos humanos	1 dinamizador. Si el grupo es grande puede hacer falta un asistente.

	La reja
Descripción	Los participantes se numerarán del 1 al 5 y formarán grupos, los 1 con los 1, los 2 con los 2, etc. Se crean así 5 grupos. Cada uno de ellos recibe una parte del material que deben sintetizar. Tras el tiempo de análisis cada grupo expone en plenario las conclusiones a las que llega y el resumen del material analizado. Se abre un tiempo limitado de debate. Otra variante consiste en que cada uno de los grupos busca en la misma documentación una información diferente. Ej: un grupo puede rastrear la idea central, otro la aplicación práctica de lo que se expone, otro el entorno social o histórico en que se generó la información, de tal modo que en el plenario se puedan entretejer las conclusiones de cada equipo formando un panorama general sobre el que concluir o que sirva de base para continuar los trabajos.
Objetivo	Permite realizar trabajos de análisis, síntesis y exposición, favoreciendo la comunicación intergrupal y las sinergias.
Tamaño y edad	Entre 15 y 20 personas. Adultos.
Tiempo requerido	Dependerá de la densidad del material a analizar. Es recomendable que no se supere la hora de trabajo en análisis y la media hora en la exposición plenaria.
Material	Se buscarán revistas, artículos técnicos o cualquier documentación relacionada con el objeto del trabajo que se requiera analizar y resumir de forma rápida y consensuada.
Lugar de realización	Sala o aula.
Recursos humanos	1 dinamizador.

	El diccionario
Descripción	En una primera fase, los participantes recibirán 10 tarjetas de cartulina de 10 x 5 cm. Cada participante buscará en el diccionario 5 palabras de las que consideren más rebuscadas y escribirán en una tarjeta la palabra y en otra su significado. Cuando se hayan completado toda las tarjetas, el dinamizador las recogerá y barajará separando por un lado las palabras y por otro sus significados. En esta segunda fase, los participantes recibirán cinco cartulinas con palabras y cinco con definiciones. Comienza ahora la ronda de negociación entre ellos que durará 20 minutos y en la que cada uno intentará emparejar las cartas definidas bien mediante la búsqueda de la palabra para unirla al significado, o buscando el significado para unirlo a la palabra. De este modo irán intercambiando cartas. El objetivo de éxito será formar 5 parejas completas. Será ganador el que consiga esto o el que haya conseguido más parejas al terminar el tiempo fijado.
Objetivo	Además de para mejorar el vocabulario, este ejercicio servirá para favorecer la comunicación grupal.
Tamaño y edad	20 participantes. Adultos.
Tiempo requerido	45 minutos.
Material	Diccionarios u ordenador con acceso a diccionario.
Lugar de realización	Sala o aula.
Recursos humanos	1 dinamizador.

	Miremos más allá
Descripción	Se inicia la actividad formando grupos de 4 o 5 personas del modo que se considere más oportuno. Se fija un objetivo, fin o tarea sobre la que se va a planificar. Los participantes dentro de cada uno de los subgrupos debatirán cómo conseguir el objetivo marcado, planificando tiempos de ejecución, recursos que serán necesarios, protagonistas o líderes de la actividad. También se deberán prever acciones de revisión, evaluación y mejora para alcanzar el objetivo final según lo planificado. Cada subgrupo elaborará un esquema final para el que puede ser de utilidad la aplicación de histogramas, gráficos de árbol o cualquier forma de representación gráfica esquemática que favorezca la explicación en plenario. Terminada esta fase, cada grupo expone sus conclusiones y se inicia un debate del que resultará la propuesta de planificación final de la actividad.
Objetivo	Hacer que el grupo se organice estructuralmente, consensúe sus propuestas y trabaje con un fin en mente.
Tamaño y edad	30 personas que se dividirán en subgrupos de 4 o 5. Adultos.
Tiempo requerido	1 hora para el trabajo en los subgrupos y media hora para exposición en plenario y conclusiones.
Material	Papel y lápices. Hojas DIN A 3 y rotuladores para trabajo final
Lugar de realización	Sala o aula.
Recursos humanos	1 dinamizador.

	Lectura eficiente
Descripción	Se formarán grupos de tres personas y se procederá, en el seno de cada uno de ellos, a la lectura del documento entregado que deberá tener relación con el asunto en el que está trabajando el equipo. La lectura se realizará con las siguientes Condiciones: El dinamizador entrega un sobre cerrado en el cual se indica qué parte del texto o qué información habrán de buscar cada uno de los grupos. Tras el tiempo marcado para la lectura y el análisis, se forma la sesión plenaria en la que el monitor hará preguntas relacionadas con la lectura y los grupos irán escribiendo las ideas claves en una tarjeta (máximo tres tarjetas por cada pregunta). Se recogerán las tarjetas y se colocarán en una pizarra o panel asociándolas con la pregunta. Se inicia un tiempo de debate y se elaboran conclusiones.
Objetivo	Lograr la compresión y síntesis en la lectura. Favorecer, a través del debate, la toma de conciencia personal sobre nuestra propia capacidad de leer y comprender lo leído.
Tamaño y edad	30 personas como máximo.
Tiempo requerido	Dependerá del texto a leer. Media hora para la lectura y media hora para el debate.
Material	Textos, cartulinas, lapiceros, pizarra para pegar tarjetas.
Lugar de realización	Sala o aula.
Recursos humanos	1 dinamizador.

Categoría: Técnicas para Trabajar con Contenidos

Tormenta de ideas	
Descripción	Se define un enunciado o se fija un asunto sobre el que se aportarán ideas. Debe hacerse de la forma más precisa posible para no generar dudas o divagaciones. Se escribirá el enunciado en una pizarra donde lo puedan ver todos los participantes. Se procederá a aportar ideas por turno, dando una idea cada vez; si no hay ideas se puede pasar. Los participantes deberán fomentar el pensamiento creativo para buscar aportaciones originales; teniendo en cuenta que: no se admiten críticas a las ideas ajenas ni explicaciones de las propias, se pueden generar nuevas ideas por asociación. Finalizado el tiempo de aportación, las ideas se agruparán por grupos o temáticas para seguir trabajando sobre ellas en siguientes jornadas.
Objetivo	Obtener un gran número de ideas en poco tiempo sobre un determinado asunto.
Tamaño y edad	Indefinido. Adultos.
Tiempo requerido	30 minutos.
Material	Pizarra, papel y lápiz.
Lugar de realización	Sala o aula.
Recursos humanos	1 dinamizador.

6-3-5	
Descripción	Se formarán grupos de 6 personas que generarán las ideas sobre un tema concreto, enunciado de forma clara, que no de lugar a divagaciones ni indefiniciones. Cada grupo tiene un papel y un lápiz. El primer participante escribe 3 ideas en 5 minutos y pasa el papel al siguiente participante. Se repite la acción hasta completar los 6 miembros de cada equipo. El dinamizador recogerá todos los papeles y escribirá las ideas en la pizarra agrupándolas por tema. Estas ideas servirán de base para trabajos posteriores.
Objetivo	Esta técnica sirve para afianzar los conocimientos adquiridos y para comprobar cuánta información han sido capaces de captar los participantes. Es una variación de la tormenta de ideas y favorece la participación de personas que tengan un carácter más introvertido.
Tamaño y edad	Indefinido. Adultos.
Tiempo requerido	30 minutos.
Material	Papel, lápiz, pizarra.
Lugar de realización	Sala o aula.
Recursos humanos	1 dinamizador.

	Puro cuento
Descripción	Esta técnica conviene utilizarla al terminar un modulo de actividad o un bloque de información. El dinamizador leerá en voz alta un texto sobre los contenidos que se hayan tratado en las sesiones En este texto se habrán incluido varios errores. Cuando los participantes detecten un error se pondrán de pie. El dinamizador pregunta por qué consideran que hay un error a los levantados y por qué consideran que es correcto a los que permanecen sentados. Variación 1.- cuando el número de componentes sea elevado el dinamizador preguntará aleatoriamente a unos cuantos a fin de no prolongar demasiado la actividad. Variación 2.- cuando el número de participantes sean pocos se leerá todo el texto y los participantes anotarán los errores detectados y se debatirán en plenario.
Objetivo	Esta técnica sirve para afianzar los conocimientos adquiridos y para comprobar cuánta información han sido capaces de captar los participantes.
Tamaño y edad	Grupo máximo de 30 personas. Si excede de ese número se puede utilizar la variedad 1 y si es menor la variedad 2. Adultos.
Tiempo requerido	Dependerá del número de participantes y la densidad de la información sobre la que trabajar. Entre media y una hora.
Material	Ninguno. Solo en la variedad 2, lápiz y papel.
Lugar de realización	Sala o aula.
Recursos humanos	1 dinamizador.

El collage

Descripción	Se constituirán subgrupos de 4 o 6 participantes. El dinamizador plantea una idea, un concepto o una cuestión sobre la que el grupo deberá reflexionar. En una primera fase se podrán recabar las ideas con la técnica de la tormenta de ideas, 3-6-5 o similares. Esto se hace en el seno de los subgrupos ya constituidos. Una vez consensuado qué se quiere expresar se procede a realizar su representación gráfica con los materiales disponibles, bien a través de dibujos, de recortes de prensa, de formas de colores recortadas, etc. La creatividad del grupo dará lugar a trabajos más o menos elaborados, con los que los componentes podrán disfrutar de un tiempo distendido de comunicación a la vez que ejercitan la capacidad de expresar ideas de maneras alternativas. Una vez terminados los trabajos, se expondrán en un panel plenario y se iniciarán las actividades de interpretación. Un miembro de un equipo diferente al que realizó el trabajo describirá qué sensaciones o ideas percibe del mismo (no olvidemos que todos los grupos representan cada uno a su modo los mismos conceptos o cuestiones). Se inicia un debate con aportaciones breves y finalmente el portavoz de cada uno de los grupos 'desvela' qué significa su creación.
Objetivo	Esta actividad permite al grupo no solo reflexionar sobre el objeto o idea propuesta a debate sino hacer el esfuerzo de representar de forma plástica esas ideas, sensaciones o emociones que le produce. También ayuda a tomar conciencia de que una misma idea se puede representar de formas diferentes.
Tamaño y edad	Grupo máximo de 30 personas organizado en subgrupos de 5 o 6 miembros.
Tiempo requerido	Media hora para el trabajo en los subgrupos y media hora para debate en plenario y conclusiones.
Material	Papeles, periódicos, revistas, cartulinas, tijeras, rotuladores, pegamento y cualquier material disponible que sirva para realizar un collage.
Lugar de realización	Sala o aula en la que se dispondrán mesas para el trabajo con los materiales seleccionados.
Recursos humanos	1 dinamizador, que puede necesitar el apoyo de otra persona para organizar y disponer los materiales.

Categoría: Técnicas para Trabajar con Contenidos

El marciano	
Descripción	Los participantes se sientan en círculo. El dinamizador narra la historia contando que un marciano, especialista en el tema que se va a tratar en su planeta, llega a la Tierra buscando investigar ese mismo asunto en nuestro planeta. Los componentes del grupo deberán ponerse en su lugar y explicar qué ve el marciano con respecto a ello.
Objetivo	Introducir un nuevo tema en el grupo o profundizar en uno ya tratado.
Tamaño y edad	En torno a un máximo de 30. Adultos.
Tiempo requerido	30 minutos.
Material	Ninguno.
Lugar de realización	Sala o aula.
Recursos humanos	1 dinamizador.

	El juicio
Descripción	De entre el grupo se nombrará un juez, 5 testigos, 2 secretarios y el resto de participantes se dividirán en 2 grupos, uno de acusación y otro de defensa, de los cuales saldrá un portavoz como abogado y otro como fiscal. El juez leerá el acta de acusación que será la forma en que se presentará el asunto a debatir. Los grupos debatirán por separado cómo van a presentar su argumentación. Interviene en primer lugar el fiscal y luego el abogado. Se interroga a los testigos y al final será el jurado el que realice el dictamen. El juez finalmente tendrá la última palabra para admitir las apelaciones de fiscal y abogado si las hay.
Objetivo	Analizar un tema y argumentarlo de forma creativa.
Tamaño y edad	Un mínimo de 16 participantes. Adultos.
Tiempo requerido	Los grupos de defensa y acusación tendrán 10 minutos para preparar sus argumentaciones, 5 minutos para la primera argumentación de fiscal y abogado, 3 minutos para interrogar a cada testigo y 10 minutos para debate del jurado.
Material	Papel y lápiz.
Lugar de realización	Sala o aula dispuesta a modo de sala de juicio.
Recursos humanos	1 dinamizador.

Ficha núm. **13**

	La espina de pescado
	Se conoce también como diagrama de causa- efecto o diagrama de Ishikawa. Es una representación gráfica de los diferentes factores que pueden contribuir a un efecto.
Descripción	Proceso: se define el efecto cuyas causas van a ser identificadas. Se dibuja un eje central escribiendo el efecto a analizar al final en el lado derecho. Se identificarán las diferentes causas (la tormenta de ideas es adecuada para esta identificación). Una vez generadas posibles causas, se separan las principales de las secundarias o subsidiarias. Las causas principales se unen a la línea central y las subsidiarias a las principales, dibujando en forma de espina de pez.
	Se dibujará un ejemplo en el anexo a esta ficha.
Objetivo	Analizar un efecto y sus causas y reflejarlas de forma gráfica.
Tamaño y edad	Indefinido. Adultos.
Tiempo requerido	40 minutos.
Material	Lápiz, papel y pizarra.
Lugar de realización	Sala o aula.
Recursos humanos	1 dinamizador.

REPRESENTACION GRAFICA DE LA ESPINA DE PESCADO (con ejemplo)

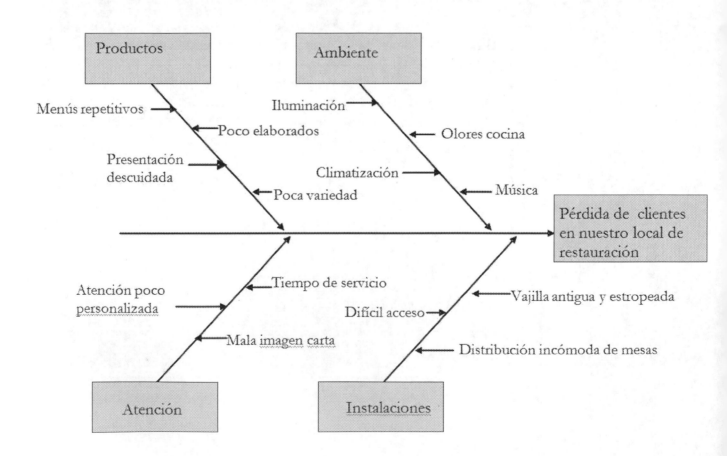

Ficha núm. **14**

	El árbol
Descripción	Mediante cualquiera de los métodos (tormenta de ideas, 6-3-5…), se identifican los medios posibles de conseguir un objetivo y se dividen en principales y secundarios. Una vez identificados se catalogan en practicables o posibles, de posibilidad incierta e impracticables o imposibles. En un tercer paso se reflejan de forma gráfica en un diagrama que se ejemplifica en el anexo a esta ficha.
Objetivo	Desplegar un objetivo y obtener una visión de cómo alcanzarlo.
Tamaño y edad	Indefinido. Adultos.
Tiempo requerido	30 minutos para la obtención de ideas y 10 para su representación.
Material	Papel, lápiz y pizarra.
Lugar de realización	Sala o aula.
Recursos humanos	1 dinamizador.

REPRESENTACION GRAFICA DE EL ARBOL (con ejemplo)

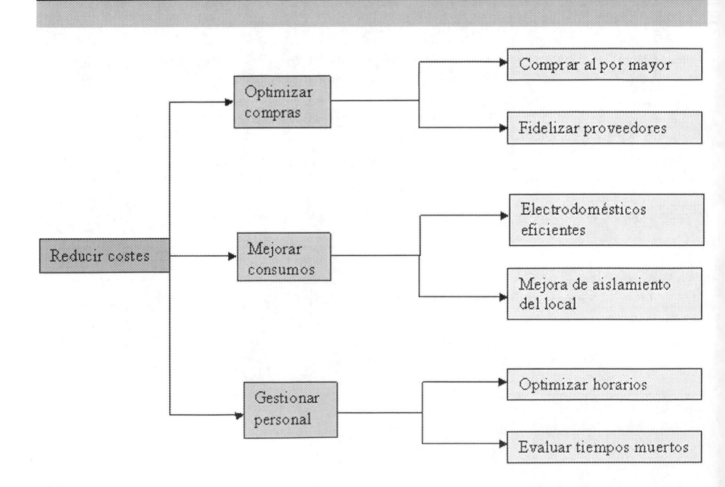

Ficha núm. **15**

	El abanico
Descripción	El dinamizador divide a los participantes en subrupos de 6 a 10 miembros. Se doblará una hoja de papel en forma de abanico. Se harán tantos dobleces como miembros haya en el grupo. Cada miembro del equipo escribirá su sensación, apreciación u opinión sobre un asunto en una frase que quepa en la "varilla" del abanico. Se realiza este proceso por turnos hasta que cada grupo tenga elaborado su abanico. Se debatirán las conclusiones en plenario.
Objetivo	Conocer de forma rápida las impresiones e ideas sobre algún asunto o contenido.
Tamaño y edad	Indefinido. Adultos.
Tiempo requerido	20 minutos.
Material	Papel y lápiz.
Lugar de realización	Sala o aula.
Recursos humanos	1 dinamizador.

	Estableciendo objetivos
Descripción	Es conveniente haber realizado de forma previa un diagnóstico de situación. Es recomendable hacer la práctica de un ejercicio como el propuesto en la ficha nº 12 de esta sección. Se dividirá el grupo total en subgrupos de 6 miembros. En cada grupo se debatirán: Objetivos, teniendo en cuenta que los objetivos han de ser **m**edibles, **e**specíficos, **t**ratables, **a**mbiciosos y **s**ensatos. Recursos, necesarios para la consecución de los objetivos Plazos de ejecución o de implantación Actuaciones de seguimiento para asegurar que se cumplen los plazos y minimizar desviaciones. Actuaciones de evaluación para garantizar que lo que se está ejecutando conducirá en la práctica al objetivo final. Una vez realizada la actividad por Grupos, se consensuará plenario una propuesta conjunta. Se recomienda la utilización de la ficha nº 13 de esta sección (diagrama de árbol) para acompañar al informe final. Es recomendable también elaborar un diagrama de Gant para explicitar de forma gráfica los plazos temporales de implantación.
Objetivo	Establecer una planificación para la consecución de un objetivo y consensuarla con el resto de los miembros del equipo. Adquirir compromisos de seguimiento y revisión en la implantación.
Tamaño y edad	24 participantes.
Tiempo requerido	1 hora y 30 minutos.
Material	Papel y lápiz. Ordenador para elaborar el trabajo final.
Lugar de realización	Sala o aula.
Recursos humanos	1 dinamizador con especialización en el ámbito de la gestión de calidad.